Analiza książki

AF137815

Dama bez kamelii

• • • • • • • • • • • • • •

ALEXANDRE DUMAS FILS

ANALIZA KSIĄŻKI

Napisany przez Noé Grenier
Przetłumaczony przez Kâmil Kowalski

Dama bez kamelii

ALEXANDRE DUMAS FILS

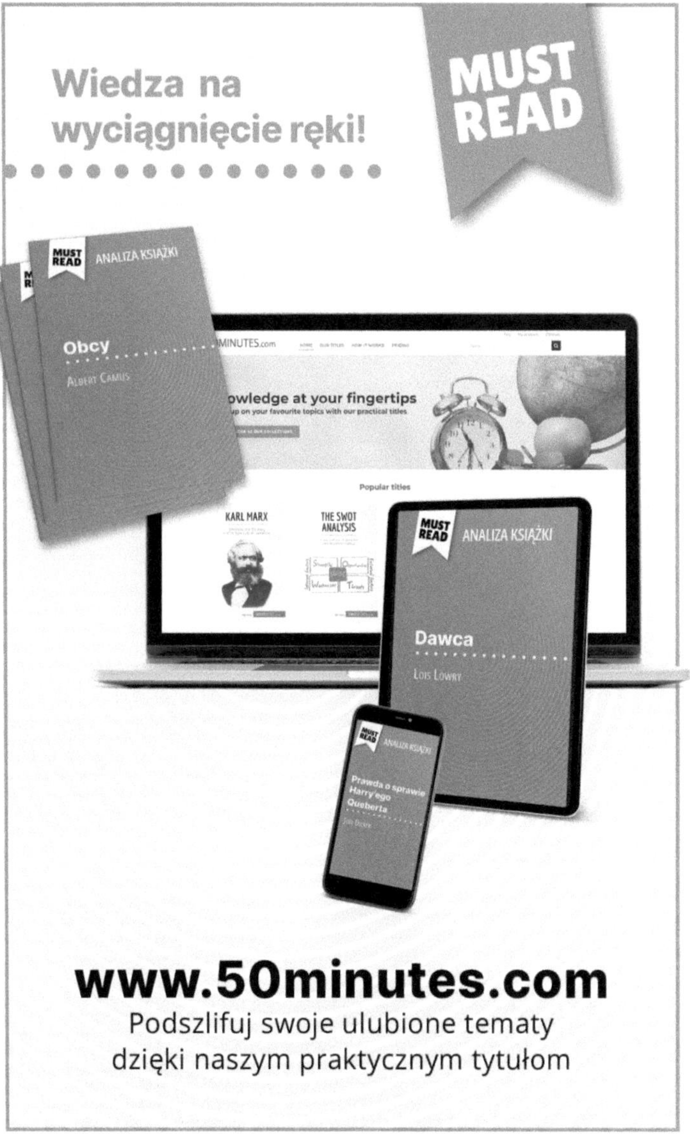
Wiedza na
wyciągnięcie ręki!
MUST
READ
MUST
READ
ANALIZA KSIĄŻKI
Obcy
Albert Camus
MINUTES.com
owledge at your fingertips
Popular titles
KARL MARX
THE SWOT
ANALYSIS
MUST
READ
ANALIZA KSIĄŻKI
Dawca
Lois Lowry
MUST
READ
ANALIZA KSIĄŻKI
Prawda o sprawie
Harry'ego
Queberta
www.50minutes.com
Podszlifuj swoje ulubione tematy
dzięki naszym praktycznym tytułom

ALEXANDRE DUMAS FILS

PISARZ FRANCUSKI

- **Urodzony w 1824 roku w Paryżu**
- **Zmarł w 1895 roku w Marly-le-Roi**
- **Niektóre z jego prac:**
  - *Afera Clemenceau, Pamiętnik oskarżonego* (1866), powieść
  - *Le Fils naturel* (1858), spektakl
  - *Un père prodigue* (1859), sztuka teatralna

Alexandre Dumas fils ma takie samo nazwisko jak jego ojciec, słynny autor Trzech muszkieterów. Wraz z publikacją La Dame aux Camélias w 1848 roku pojawił się jako utalentowany pisarz i wyszedł z cienia ojca. Za życia był najbardziej znany ze swoich dzieł teatralnych, ale napisał też wiele powieści. Jego twórczość charakteryzuje się wyrafinowanym stylem i dowcipnymi, kunsztownymi frazami, które szczególnie pasują do teatru. W literaturze był bardzo bliski realizmu. Jego twórczość charakteryzuje się moralnym i krytycznym czasem charakterem.

DAMA BEZ KAMELII

NIEMOŻLIWA MIŁOŚĆ PARYSKIEJ KURTYZANY W XIX WIEKU [E]

- **Gatunek:** powieść
- **Wydanie źródłowe**: *La Dame aux camélias,* Paris, Le Livre de Poche, 1975, 285 s.
- **1. wydanie:** 1848 r.

Tematy: miłość, realizm, życie paryskie, XIX wiek, kurtyzany, zazdrość

La Traviata została napisana przez Alexandre Dumas po śmierci jego byłej kochanki i pierwszej miłości, Marie Duplessis, prostytutki w Paryżu w połowie XIX wieku. Uważana za jednego z pionierów realizmu, powieść ta została zaadaptowana na scenę przez samego autora. Stał się klasykiem literatury i doczekał się wielu adaptacji (operowych, filmowych, baletowych). Powieść przedstawia romans namiętnego młodego mężczyzny, Armanda Duvala, i "kobiety chronionej", Marguerite Duval. Ich związkowi zagraża przeszłość Marguerite, która zawsze ich prześladuje, czy to zazdrość Armanda, czy dezaprobata jego ojca.

PODSUMOWANIE

ALEXANDRE DUMAS SPOTYKA ARMANDA DUVALA

Historia rozpoczyna się w Paryżu w 1847 roku. W pierwszych rozdziałach narratorem jest Alexandre Dumas fils. Opowiada, jak dowiaduje się o śmierci słynnej kurtyzany, Marguerite Gautier. Kobieta zmarła obciążona długami, zorganizowano aukcję jej rzeczy osobistych. Narrator udaje się tam, by uczestniczyć w tym wydarzeniu. Obecnych jest wiele pań z "Tout-Paris", szlachta i szacowne mieszczanki. Przybywają z ciekawości, by poznać skandaliczny styl życia "utrzymanki" i w nadziei, że uda im się wejść w posiadanie jednego z wielu luksusowych przedmiotów, które kochankowie Marguerite Gautier podarowali jej za życia. Alexandre Dumas kupuje po wysokiej cenie książkę *Manon Lescaut,* w której znajduje się notatka od niejakiego Armanda Duvala.

Później Alexandre Dumas fils spotyka Armanda Duvala, który przychodzi do domu Dumasa, aby kupić książkę, którą sam podarował zmarłej Marguerite Gautier. Dwaj młodzi mężczyźni stają się przyjaciółmi i Dumas dowiaduje się, że Armand Duval był jednym z wielu kochanków Marguerite Gautier. Ten ostatni wydaje się szczególnie dotknięty śmiercią swojej dawnej kochanki. Wyjaśnia Alexandre'owi Dumas fils, że zamierza wykupić dla niej wieczystą działkę na cmentarzu Montmartre. W zasadzie tylko w ten sposób mógł zobaczyć jej zwłoki. Był nieobecny w czasie jej śmierci i musi zobaczyć jej pozbawione życia ciało, by je opłakiwać. Armandowi Duvalowi udaje się w końcu zobaczyć rozkładające się już zwłoki swojej byłej kochanki. Szok sprawia, że ciężko choruje, a Alexandre Dumas fils czuwa przy jego łóżku. To właśnie wtedy Armand Duval zaczyna mu opowiadać o swojej miłości do kurtyzany Marguerite Gautier, znanej w Paryżu jako Dama Kameliowa.

ARMAND DUVAL SPOTYKA MARGUERITE GAUTIER

Od tego momentu Armand Duval staje się narratorem opowieści. Spacerując po Place de Bourse, po raz pierwszy spotkał Marguerite Gautier. Zobaczył, jak wchodziła do sklepu, i natychmiast uderzył go jej wdzięk i wielka uroda. Nie śmiał się do niej zbliżyć. Kilka dni później Armand Duval zobaczył Marguerite w loży naprzeciw niego, gdy szedł z przyjacielem do Opéra-Comique. Prosi znajomego, który zna damę Kameliową, o przedstawienie jej. To pierwsze spotkanie nie podoba się Armandowi, ponieważ Marguerite z niego drwi, a on obraża się prowokacją i robi z siebie głupka. Mimo to Armand delikatnie podąża za nią do drzwi wejściowych po występie. Od tego momentu młody człowiek przywiązuje się do Marguerite i często ją widuje.

Pewnego dnia Armand dowiaduje się, że ona ma gruźlicę i regularnie prosi o przekazywanie wiadomości od ludzi. Dama Kameliowa chodziła mu po głowie od dawna, więc Armand postanowił spotkać się z nią ponownie. Pewnego wieczoru zobaczył ją w teatrze wodewilowym z kobietą po czterdziestce, byłą prostytutką o imieniu Prudence Duvernoy. Podchodzi do niej i dowiaduje się, że jest sąsiadką Marguerite

Gautier. Armand następnie prosi ją, aby przedstawiła go Marguerite. Prudence zgadza się i poczynione są przygotowania, aby on i jego przyjaciel Gaston, który towarzyszy mu tej nocy, udali się razem do Prudence. Wieczorem Marguerite Gautier odwiedza jeden ze swoich zalotników, hrabia G., który bardzo ją irytuje. Prosi Prudence, aby przyszła do jego domu i zgadza się przyjść z dwoma gośćmi. W ten sposób Armand trafia do domu Marguerite Gautier. Dowcipny, mówi jej, że jest tajemniczym młodym mężczyzną, który regularnie sprawdza, czy nie jest chora. Wieczorem w końcu ją uwodzi i wyznaje jej swoje uczucia. Prostytutka zgadza się być jego kochanką i umawia się z nim na następny dzień.

ARMAND I MARGUERITE ZOSTAJĄ KOCHANKAMI

Armand i Marguerite spędzają razem dwie pierwsze noce miłości, ale młodzieńcowi trudno jest zaakceptować fakt, że jego kochanka jest oficjalnie związana z księciem, który ją utrzymuje, a hrabia G., jej dawny kochanek, nadal zabiega o nią wytrwale. Prudence, przyjaciółka i powiernica Marguerite, próbuje przekonać Armanda: młoda kobieta jest kurtyzaną, oferującą się bogatym zalotnikom w zamian za prezenty, korzyści materialne i pieniądze. Dla Prudence, Armand nie powinien spodziewać się niczego więcej niż przelotnego romansu, choć Armand i Marguerite są zakochani. Armand jest jednak trawiony zazdrością i trzeciej nocy, kiedy orientuje się, że Marguerite spędza noc z hrabią G., postanawia napisać ironiczny i oszczerczy list zrywający do Marguerite, licząc na odpowiedź lub reakcję z jej strony. Wreszcie, gdy Marguerite nie odpowiada, Armand, kierowany dumą i zazdrością, postanawia opuścić Paryż i wrócić do ojca. Ale zazdrosny jak on, jest nie mniej szaleńczo zakochany i za pośrednictwem Prudence pisze list do Marguerite z przeprosinami. Pojawia się w jego domu tuż przed wyjazdem Armanda z Paryża. Armand rzuca się do stóp Marguerite, by błagać ją o przebaczenie. Kiedy Armand tłumaczy swoją zazdrość, Marguerite odpowiada: "Cóż, mój przyjacielu, powinieneś był kochać mnie trochę mniej lub rozumieć mnie trochę bardziej" (s. 145). W końcu Marguerite wybacza Armandowi jego zazdrość, po wyjaśnieniu mu obowiązków kurtyzany i przypomnieniu mu o swojej miłości do niego.

Armand postanawia zmienić swoje życie i perspektywę, by zaakceptować skandaliczny styl życia ukochanej. Ma obsesję na punkcie miłości i bardzo trudno mu zapanować nad zazdrością. Zaczyna prowadzić gorączkowy tryb życia, w którym naprzemiennie wychodzi, imprezuje i bawi się. Śpi bardzo mało i żyje tylko dla swojej pasji z Marguerite. Pewnego dnia para znalazła dom, który im się spodobał. Pod pretekstem ucieczki od niemoralnego życia Paryża, Marguerite postanawia poprosić "chroniącego" ją księcia o wynajęcie jej domu.

Książę chętnie zgadza się na wynajęcie domu w Bougival, widząc w tym szansę na uchronienie swojej protegowanej przed życiem w rozpuście. Dla Marguerite jest to jednak podstęp, by móc swobodniej przeżywać swój związek z Armandem. W końcu książę dowiaduje się o skandalu i porzuca Marguerite. Dama Kameliowa musi zrezygnować z luksusu, do którego przyzwyczaiło ją życie kurtyzany. Dokonuje tego poświęcenia z miłości do Armanda i potajemnie sprzedaje swoje klejnoty i bogactwo, aby spłacić długi, które powstały po tym, jak książę przestaje ją wspierać. Mimo problemów z pieniędzmi Armand i Marguerite darzą się szczerą miłością i w Bougival przeżywają najlepsze dni swojej miłości. Ostatecznie obiecują sobie wierną miłość i postanawiają wrócić do Paryża, aby się razem osiedlić.

OJCIEC ARMANDA INTERWENIUJE

Ojciec Armanda następnie przybywa do Paryża. Dowiaduje się, że jego syn ma romans ze słynną prostytutką i chce temu zapobiec, by chronić honor rodziny. Pewnego dnia po powrocie z domu ojca Armand zastał dom pusty. Idzie szukać Marguerite i otrzymuje od niej list, w którym pisze, że go zdradza i że musi zerwać. Pogrążony w smutku opuszcza Paryż, aby odwiedzić ojca. Choć wyzdrowiał, wciąż myśli o Marguerite i postanawia wrócić do Paryża. Uwodzi żonę Marguerite, Olympe, i pojawia się z nią publicznie. Marguerite jest głęboko zasmucona swoim związkiem z Olimpe. W końcu odwiedza Armanda i prosi go, by przerwał tę okrutną grę. Młody człowiek dowiaduje się, że Marguerite znów jest poważnie chora. Spędzają razem miłosną noc, po której Marguerite obiecuje Armandowi, że zawsze może być jego kochanką, ale nie jego małżonką, ale jest z hrabią G.

AGONIA MARGUERITE

Dalszej części historii Armand nie opowiada. Alexandre Dumas fils opowiada, że ten ostatni zasypia po powierzeniu narratorowi dzienników napisanych przez Marguerite po jej wyjeździe, a które zostały mu powierzone po jej śmierci. W tych pamiętnikach Marguerite zwierza się Armandowi. Mówi mu o przyczynie ich rozstania: odwiedził ją ojciec, który przekonał ją, by opuściła go dla dobra rodziny. Romans Armanda z kurtyzaną naraził na szwank honor jego rodziny i uniemożliwił siostrze znalezienie męża. W końcu to z miłości do Armanda udało się Marguerite przekonać do opuszczenia go. W dalszej części dziennika opisuje swoją agonię i wątpliwości: cierpiąca i samotna, zastanawia się, gdzie jest jej kochanek i życzy sobie jego powrotu, który – jak wierzy – ułatwiłby jej powrót do zdrowia. Przede wszystkim ma nadzieję, że on wybaczy jej ból, który mu sprawiła. W końcu Marguerite umiera nie widząc Armanda ponownie, jeszcze w Egipcie.

STUDIUM POSTACI

ARMAND DUVAL

Armand Duval, człowiek namiętny i uczuciowy, jest głównym bohaterem tej historii, wraz z Marguerite Gautier. W powieści jest przyjacielem Alexandre Dumas fils i kochankiem młodej dziewczyny. Opisywany jest jako młody mężczyzna w wieku dwudziestu lat, wysoki, blady, o blond włosach. Możemy się domyślać, że był na tyle atrakcyjny, że przyciągnął uwagę Marguerite Gautier, Damy Kameliowej. Kiedy spotyka Alexandre Dumas fils, podczas opłakiwania jego wielkiej miłości, Armand jest dosłownie chory z żalu: ma gorączkę, nieustannie płacze i kilkakrotnie mdleje. Urodzony w mieszczańskiej, prowincjonalnej rodzinie, został wysłany przez ojca do Paryża, aby kształcić się na prawnika lub lekarza. Utrzymuje się ze spadku po zmarłej matce i renty po ojcu. W Paryżu oddawał się życiu towarzyskiemu, bywał w teatrach i operach, gdzie poznał Marguerite Gautier. To jego szalona miłość i szczera troska o jej zdrowie i szczęście uwiodły ją. Armand doskonale zdaje sobie sprawę, że zakochuje się w kurtyzanie o siarczystej przeszłości, która wciąż spotyka się z innymi kochankami. Nie może się jednak z tym pogodzić i nie może oprzeć się straszliwej zazdrości. Ta zazdrość, z której nigdy nie może się do końca otrząsnąć, sprawia mu wiele bólu i stanowi podstawę jego związku z Marguerite, której stabilności nieustannie zagraża. W istocie, to zazdrość popycha go do opuszczenia Marguerite za pierwszym razem i to zazdrość sprawia, że wątpi w chęć Marguerite do porzucenia dla niego życia kurtyzany. W końcu to zazdrość i duma napędzają go, by Marguerite cierpiała, a ona nie może znaleźć siły, by walczyć zarówno z chorobą, jak i smutkiem i w końcu ulega.

Armand jest również kochającym i wiernym synem. Kiedy ojciec chce się sprzeciwić jego związkowi z Marguerite, Armanda ogarnia zwątpienie. W końcu znajduje schronienie w domu ojca, gdy pada ofiarą intrygi ojca, który chce go rozdzielić z Marguerite.

MARGUERITE GAUTIER

Marguerite jest opisywana jako kobieta o wyjątkowej urodzie. Jest wysoka i szczupła, ma długie czarne włosy. Ponieważ uroda Marguerite jest jednym z kluczowych elementów powieści, być może powinniśmy pozostawić autorowi opisanie jej twarzy, z charakterystycznym dla niego talentem:

> *"W owalu o nieopisanym wdzięku umieść czarne oczy zwieńczone brwiami o łuku tak czystym, że wydawał się namalowany; zasłoń te oczy dużymi rzęsami, które spuszczone rzucają cień na różowy odcień policzków; wytknij drobny, prosty, uduchowiony nos, z nozdrzami nieco otwartymi przez gorące dążenie do życia zmysłowego; Narysuj regularne usta, których wargi otwierają się wdzięcznie nad mlecznobiałymi zębami; pokoloruj skórę tą aksamitnością, która pokrywa brzoskwinie, których nie dotknęła żadna ręka, a będziesz miał całą tę uroczą głowę." (p. 28)*

Marguerite to prostytutka, "kobieta pod ochroną". W tym czasie w towarzyskich kręgach Paryża niektóre kobiety żyły w kontakcie z wyższymi sferami i brały stamtąd kochanków. Wymieniały przysługi za korzyści materialne: prezenty i pieniądze. To nie była prostytucja, jak możemy usłyszeć dzisiaj.

Te kobiety dobrowolnie wybierały swoich kochanków i nie pobierały opłat za usługi seksualne. Chodziło o romans związany z własnym interesem. W tej powieści Marguerite jest najbardziej pożądaną prostytutką w Paryżu. Nazywa się Traviata, ponieważ zawsze jest ozdobiona tymi kwiatami. Tym, co odróżnia ją od innych prostytutek jej czasów, jest jej wielkość i szlachetność ducha. W trakcie powieści Marguerite zakochuje się w Armandzie Duvalu. Zrezygnowała z życia prostytutki i postanowiła poświęcić swój majątek i przyszłość Armandowi. Czyniąc to, ujawnia lojalność i siłę woli, w które nikt nie wątpi. Niestety, jej reputacja prostytutki wciąż ją prześladuje. Presja społeczna w tamtym czasie uniemożliwia jej miłość do Armanda. Marguerite jest przekonana, gdy ojciec Armanda wyjaśnia, że Marguerite może skrzywdzić Armanda tylko wtedy, gdy Marguerite kocha Armanda. Tutaj dokonuje największej ofiary z miłości Armanda i swojego życia. Postanawia porzucić miłość do Armanda i wrócić do życia prostytutki. Poddała się chorobie i zmarła na gruźlicę w gorzkiej samotności.

PRUDENCE DUVERNOY

Prudence jest sąsiadką i przyjaciółką Marguerite. To kobieta po czterdziestce, była kurtyzana, która straciła swoje wdzięki. W czasach narracji jest ona młynarką, ale nie udaje jej się sprzedać wielu swoich artykułów. W rzeczywistości żyje z Marguerite Gautier. Marguerite "pożycza" jej pieniądze, których nigdy nie stara się odzyskać, kupuje jej kapelusze, których nigdy nie nosi i daje jej prezenty od kochanków, którymi nie jest zainteresowana. Prudence jest również powiernicą Marguerite i to właśnie dzięki niej Armandowi Duvalowi udaje się poznać i uwieść Marguerite Gautier. Mimo wspaniało-myślności Marguerite wobec Prudence, ta ostatnia porzuca ją, gdy Marguerite najbardziej jej potrzebuje. Prudence przestaje widywać Marguerite, gdy ta jest umierająca, zadłużona i pozbawiona środków do życia. Nie ma fizycznego opisu Prudencji, choć wiemy, że jest "gruba" (p. 77). Prudence, podobnie jak inne postacie drugoplanowe w tej powieści, jest słabo rozwiniętą postacią. Swoimi świętoszkowatymi przemowami o niemożności kochania kurtyzany i samolubną przyjaźnią służy głównie do podkreślenia wielkości ducha Marguerite Gautier, bezinteresownej hojności i kochającego charakteru.

PAN DUVAL

Monsieur Duval jest ojcem Armanda. Wkrótce przybywa do Paryża, gdy dowiaduje się, że jego syn ma romans ze słynną prostytutką. Sprzeciwia się temu związkowi i zrobi wszystko, by chronić honor rodziny, wiedząc o tym, rodzina pana młodego nie zgodzi się na małżeństwo. Ostatecznie przekonuje Marguerite do opuszczenia Armanda, choć nie wie o spisku. Nie podano jego fizycznego opisu, a postać ta jest ledwie rozwinięta w powieści. Pan Duval jest uosobieniem burżuazyjnej moralności swoich czasów. Przez niego misja prostytutki do miłości i szczęścia zostaje podważona w imię wartości moralnych tamtych czasów. Ostatecznie dochodzi do wniosku, że kobiety o skandalicznej przeszłości nie mogą zaznać prawdziwej miłosnej rozkoszy.

OLYMPE

Olympe jest kurtyzaną. Piękna młoda kobieta o niebieskich oczach, blondynka, szczupła. Armand uwodzi ją, aby Marguerite cierpiała. Olympe ma charakter daremny i zapatrzony w siebie. Rozumie, że Armand uwodzi ją, aby Marguerite cierpiała, a ona podwaja swoją złośliwość wobec Marguerite, aby zadowolić Armanda. Z kolei Olympe, kurtyzana podobna do Marguerite, wydobywa z niej szlachetność i dobroć.

KLUCZE DO CZYTANIA

PRAWDZIWA HISTORIA MARIE DUPLESSIS

Dama kameliowa to powieść. Jest jednak oparta na prawdziwych postaciach i prawdziwej historii. Autor zapowiada to już na początku powieści:

> *"Nie będąc jeszcze na tyle dorosłym, by wymyślać, zadowalam się opowiadaniem. Namawiam więc czytelnika do przekonania się o realności tej historii, w której wszystkie postacie, z wyjątkiem bohaterki, wciąż żyją" (s. 17).*

Marguerite Gautier to w rzeczywistości awatar prawdziwej kurtyzany, Marie Duplessis. Alexandre Dumas fils, autor tej książki, był jej kochankiem. *Dama kameliowa* opowiada o miłości Alexandre Dumas fils do Marie Duplessis, ale nie wszystkie wydarzenia w powieści odpowiadają prawdziwej historii miłości. Na przykład Alexandre Dumas fils i Marie Duplessis nigdy nie przeżyli sielankowego romansu w Bougival, jak Armand i Marguerite w powieści. W rzeczywistości historia miłości Alexandre'a Dumasa fils i Marie Duplessis była znacznie mniej chwalebna niż ta opisana w powieści, jeśli wierzyć komentatorom. Tak jak w powieści, Alexandre Dumas fils spotkał Marie Duplessis po raz pierwszy na Place de la Bourse, gdzie uderzyła go jej uroda. Zbliżył się do niej kilka lat później, w 1844 roku, w Théâtre des Variétés. Ich związek zakończył się w 1845 roku po kłótni. Alexandre Dumas fils napisał do niej: "Moja droga Marie, nie jestem wystarczająco bogaty, by kochać cię tak, jak bym chciał, ani wystarczająco biedny, by być kochanym tak, jak ty byś chciała. Zapomnijmy zatem oboje, Ty o imieniu, które musi być dla Ciebie obojętne, ja o szczęściu, które staje się dla mnie niemożliwe". Alexandre Dumas fils przepisuje ten list tak, jak stoi w powieści, kiedy Armand po raz pierwszy zrywa z Marguerite (s. 134)

Po tym liście Marie Duplessis została kochanką węgierskiego kompozytora i pianisty Franciszka Liszta. Podobnie jak Marguerite, ona również zmarła na gruźlicę w Paryżu w lutym 1847 roku, podczas gdy Alexandre Dumas fils podróżował w Marsylii. Dumas napisał *La Dame aux Camélias* w miesiąc. Książka została wydana w 1848 roku. Ojciec Armanda nie odpowiada też ojcu Alexandre Dumas fils, gdyż Alexandre Dumas znany był z rozwiązłego życia i luźnej moralności.

W powieści Aleksandra Dumasa dzieli się na dwie części. Staje się rozmówcą swojego bohatera, Armanda Duvala, ale wciela się w autora w taki sam sposób, w jaki Marguerite Gautier wciela się w Marie Duplessis. W związku z tym należy zauważyć, że postać Armanda Duvala i jego autor mają te same inicjały. AD, Dowód na to, że Alexandre Dumas był świadomy stosowanego przez siebie procesu literackiego.

REALIZM I KRYTYKA SPOŁECZNA

Powieść realistyczna

La Dame aux camélias jest często uważana za prekursora powieści realistycznej. Rzeczywiście, pojawienie się realizmu w literaturze datuje się zwykle od 1850 roku, po zamachu stanu Napoleona III. Ten nurt literacki postawił sobie za cel opisanie ówczesnej rzeczywistości społecznej i jednostek:

musi być jak najwierniejszym odwzorowaniem rzeczywisto-ści. [e]Porzucone zostają wątki fikcyjne i heroiczne na rzecz opisu społecznego: realizm przywołuje pracę, rosnące zna-czenie pieniądza w XIX-wiecznym społeczeństwie, związki miłosne. Powieść realistyczna, ponieważ opisuje rzeczywi-stość, ma również cel filozoficzny. Rzeczywiście, zobaczymy później, że twórczość Alexandre Dumas fils pełni funkcję moralizatorską. Do najważniejszych autorów zaliczanych do tego nurtu możemy zaliczyć Honoré de Balzaca (1799-1850), Gustave'a Flauberta (1821-1880) czy George Sand (1804-1876), bliską przyjaciółkę Alexandre'a Dumasa fils. Nurt ten dał następnie początek naturalizmowi, którego lider, Émile Zola (1840-1902), opisywał warunki klasy robotniczej swoich czasów. Wreszcie należy zauważyć, że te prądy literackie miały duży wpływ na historię idei, ponieważ utorowały drogę do powstania francuskiej socjologii, założonej przez Émile'a Durkheima (francuski socjolog, 1858-1917) pod koniec 19e wieku. *Dama kameliowa* odpowiada pewnym kryteriom ruchu realistycznego, gdyż autor daje dokładny opis środo-wiska społecznego w Paryżu i warunków życia kurtyzan.

 ## KONTEKST HISTORYCZNY

La Dame aux Camélias ukazała się w burzliwym okresie francuskiej historii: do 1848 roku Francja żyła pod rządami monarchii króla Ludwika Filipa. 23 lutego 1848 roku (w roku wydania powieści, rok po śmierci Marie Duplessis) rewolu-cja ustanowiła II Republikę. Nie trwało to jednak długo, gdyż 2 grudnia 1851 roku Napoleon III w wyniku zamachu stanu przejął władzę i ustanowił II Cesarstwo.

Krytyka społeczna

W *"Damie kameliowej"* Alexandre Dumas fils nie tylko opisuje życie kurtyzan i środowisko mieszczańskie swoich czasów. Przez całą książkę przewija się prawdziwa krytyka społeczna. Przede wszystkim autor piętnuje mieszczańską hipokryzję utrzymywanych kobiet. Czyni to już na początku książki, wyśmiewając ciekawość szacownych kobiet, które korzystając ze śmierci Marguerite Gautier i licytacji jej majątku, odwiedzają jej dom i dowiadują się więcej o kurtyzanach, z którymi codziennie ocierają się o siebie w teatrach i operach: "Ta, w której domu przebywałem, była martwa; najcnotliwsze kobiety mogły więc wejść do jej pokoju" (s. 21). Później autor kontynuuje swoją krytykę poprzez scenę na cmentarzu: rozmawia z ogrodnikiem, który wyjaśnia, że niektóre rodziny mieszczańskie, dowiedziawszy się, że Marguerite Gautier została pochowana obok ich przodków, złożyły skargę i zażądały przeniesienia zwłok. Ogrodnik nie omieszkuje zwrócić uwagi narratorowi, że rodziny te nigdy nie odwiedzają grobów swoich bliskich i nie utrzymują ich w należytym stanie. Poprzez tę anegdotę zostaje zdemaskowana hipokryzja mieszczańskich wartości. Cała historia Marguerite Gautier w powieści służy także rehabilitacji wizerunku kurtyzany: Marguerite Gautier wykazuje siłę moralną i hojność ducha, której brakuje wszystkim otaczającym ją postaciom: oczywiście innym kurtyzanom, ale także i przede wszystkim hrabiom, książętom, szlachcie i bogaczom, którzy są jej kochankami, M. Duvalowi, ojcu Armanda, i jej przyjaciołom. W *La Dame aux camélias* kurtyzana ma więcej cnót niż szlachta, która kupuje uciechy jej urody, zanim się zestarzeje i zostanie porzucona na pastwę losu jak Prudence Duvernoy.

Marguerite Gautier, choć jest kurtyzaną, jest zdolna do głębokiej i całkowitej miłości. Co więcej, dąży do szczęścia: przede wszystkim swojego, ale także Armanda, a nawet M. Duvala i jego córki, której nie zna. Jednak odmawia się jej tego szczęścia w imię burżuazyjnych wartości moralnych szacunku. Samemu Armandowi trudno jest ją zrozumieć i pokochać, ze względu na jej siarczystą przeszłość.

ODBIÓR I ODDZIAŁYWANIE DZIEŁA

La Dame aux Camélias odniosła wielki sukces, gdy została wydana po raz pierwszy. Alexandre Dumas fils natychmiast zlecił jej adaptację dla teatru, ale początkowo została ocenzurowana jako niemoralna. Wreszcie, dzięki zmianie ministra, po raz pierwszy wystawiono ją w 1852 roku w teatrze wodewilowym. Był to fenomenalny sukces, do tego stopnia, że przyćmił książkę. W wieczór premiery obecny był włoski kompozytor Giuseppe Verdi (1813-1901). *Dama kameliowa była* dla niego wielką inspiracją, gdyż on również przeżywał skandaliczny romans, któremu próbował przeciwstawić się ojciec. To właśnie na podstawie *Damy kameliowej* Verdi skomponował w 1853 roku swoją słynną operę *La Traviata.* Powieść była następnie wielokrotnie adaptowana w różnych formach artystycznych. Co najmniej piętnaście filmów zostało zainspirowanych mniej lub bardziej bezpośrednio dziełem od 1907 roku, z pierwszą ekranizacją Viggo Larsena, do czasów współczesnych (*Moulin Rouge* Baza Luhrmana, wydany w 2001 roku, był inspirowany powieścią). Sztuka doczekała się również kilku adaptacji, a na podstawie powieści powstało kilka utworów baletowych. Postać Marguerite Gautier miała wpływ na cały świat, gdyż stała się nawet inspiracją *dla* niektórych argentyńskich tang, takich jak *Margarita Gautier* czy *Margo.*

Mimo wielkiego oddziaływania książki i jej entuzjastycznego przyjęcia w momencie publikacji, autor *La Dame aux Camélias był* często krytykowany przez współczesnych. W czasach, gdy dominował ruch realistyczny, wielu pisarzy zarzucało mu wyraźne upodobanie do bon motów, dowcipów i figur mowy. Rémy de Gourmont (pisarz francuski, 1858-1915) napisał w 1896 roku: "Alexandre Dumas fils nie jest wielkim pisarzem" (s. 270), a Émile Zola w 1876 roku: "Nie podoba mi się talent M. Alexandre Dumas fils. Jest to pisarz skrajnie przereklamowany, o miernym stylu i koncepcji skurczonej przez najdziwniejsze teorie. Myślę, że potomność będzie dla niego surowa" (Œuvres *complètes,* t. XII, s627). W świetle bardzo licznych adaptacji *La Dame aux camélias widać,* że Emile Zola nie miał w tej kwestii racji. Można przypuszczać, że niektóre z tych krytyk były podyktowane nie tylko względami literackimi. I tak Léon Bloy (francuski powieściopisarz i eseista, 1846-1917) powiedział: "Ten mulat… był głupcem i hipokrytą" (s.270). Ta jawnie rasistowska uwaga (*mulat* to słowo skonstruowane od "muła", które w okresie kolonialnym odnosiło się do osób o mieszanej rasie) odnosi się do pochodzenia Alexandre Dumas fils. Podobnie jak jego ojciec, był potomkiem niewolnicy z Saint-Domingue (dzisiejsze Haiti, dawna kolonia francuska), która urodziła dziecko swojemu panu.

DROGI DO REFLEKSJI

KILKA PYTAŃ DO DALSZEJ REFLEKSJI...

- Dlaczego możemy powiedzieć, że *La Dame aux Camélias* *należy* do nurtu realistycznego?

- W jakim sensie autor staje po stronie kurtyzan swoich czasów?

- Co motywowało Armanda do kilkukrotnego rozstania z Marguerite Gautier?

- Co zmotywowało Marguerite Gautier do opuszczenia Armanda?

- Dlaczego Marguerite Gautier wyróżnia się na tle innych kurtyzan?

- Co postać Prudence Duvernoy mówi nam o warunkach życia kurtyzan?

- Czy Armand nie ma racji, że jest zazdrosny?

- ^eCo powieść mówi nam o życiu w Paryżu w połowie XIX wieku?

PRZECZYTAJ TAKŻE

WYDANIE REFERENCYJNE

DUMAS A. fils, *La Dame aux camélias,* Le Livre de poche, 1975.

BADANIA PORÓWNAWCZE

LIVIO, A. *Przedmowa i komentarze* (zawarte w wydaniu referencyjnym) Le Livre de poche, 1975.

DODATKOWE ŹRÓDŁA

PRÉVOST, A.F. *Manon Lescaut,* 1731 r.

ADAPTACJE

VERDI, G. *La Traviata*. 1853, opera.

DUMAS, A. *La Dame aux camélias*, 1852, sztuka.

DE CECCATTY, R. *La Dame aux camélias*, 2000, sztuka.

LARSEN, V. *Dama kameliowa,* 1907, film.

CUKOR, G. *Le roman de Marguerite Gautier*, 1936, kino.

SAUGET, H. *La Dame aux camélias*, 1957, balet.

LEFEBRE, J. *La Dame aux camélias*, 1980, balet.

Chcemy usłyszeć od Ciebie, co się dzieje!
Zostaw komentarz na temat swojej internetowej biblioteki
i podziel się swoimi ulubionymi książkami w mediach społecznościowych!

Wydawca zapewnia o wiarygodności publikowanych informacji, co jednak nie może wiązać się z jego odpowiedzialnością.

www.50minutes.com

Master ISBN: 9782808694223
Papierowy ISBN: 9782808615624
Depozyt prawny: D/2023/12603/1842

Verhaal: © Primento

Projekt cyfrowy: Primento, cyfrowy partner wydawców.